COMPARAISON

DES BASES

DE LA LOI DE FINANCES

DU 18 AVRIL 1816.

Avec quelques principes applicables au Budget de 1817.

COMPARAISON

DES BASES

DE LA LOI DE FINANCES

DU 18 AVRIL 1816.

Avec quelques principes applicables au Budget de 1817.

Nec te quæsiveris extrà.

PERS. sat. 1.

Ne nous cherchons pas hors
de nous-mêmes.

PAR P. P. LEMERCIER, ancien Banquier.

PARIS,

Chez **PATRIS**, Imprimeur-Libraire, rue de la
Colombe, n° 4, dans la Cité.

Août 1816.

COMPARAISON

DES BASES

DE LA LOI DE FINANCES

DU 18 AVRIL 1816,

Avec quelques principes applicables au Budget de 1817.

~~~~~~~~~~~~

INTRODUCTION. Un homme d'Etat faisait observer, il y a deux siècles, au parlement d'Angleterre, que la France *n'avait jamais été pauvre trois ans de suite.* Pourrait-il, sans avoir égard à l'énormité et à la durée des charges qui nous sont imposées, tenir aujourd'hui le même langage ? Nous osons le penser.

Mais l'homme d'Etat dont on rappèle ici la juste remarque, examinerait probablement, avant tout, quelles sont les bases du système de finances adopté en dernier lieu ; quel ré-
~~~~~~~~~~~~

sultat on peut attendre, avec plus ou moins
de certitude, du budget de 1816; il examinerait si tous les citoyens sont indistinctement
appelés à concourir à la libération commune;
enfin si tous les revenus imposables sont, sans
nulle exception, soumis proportionnellement
à l'impôt.

S'apercevant promptement que les revenus
les plus productifs sont exempts de toute espèce de contributions, il ne manquerait pas
de signaler cette inégalité de condition entre
les citoyens, cet oubli total de répartition
relative, comme une occasion naturelle et
très-légitime, non pas seulement d'élever les
ressources réelles de la France au niveau de
ses besoins temporaires, mais de fixer la prospérité de ce bel empire que certaines gens
supposent trop légèrement en être pour
long-temps encore écartée.

Ce qu'un étranger pourrait faire, dans l'intérêt de l'Etat, nous serait-il interdit de l'essayer, lorsque surtout il est permis de présu-
mer que la balance *effective* des recettes et
des dépenses de l'année courante pourra bien
différer de la balance *théorique* insérée au
budget ?

Déjà les Chambres et le Ministère ont fait
un grand pas vers le bien, en abjurant à ja-

mais le faux et dangereux système consacré dans le budget de 1814, système sacrilége de spoliation et de ruine universelle, mis en avant sans prévoyance comme sans excuse, et qui reproduisait tous les éléments de notre funeste révolution. Mais d'autres améliorations et de nouveaux bienfaits ne peuvent être attendus en vain d'une heureuse harmonie entre les premiers corps de l'Etat, de la loyauté qui n'a cessé de présider à leurs délibérations, et du zèle infatigable qui a dirigé leurs premiers efforts. La méditation, bientôt aidée de l'expérience, découvrant ce qui peut rester d'illusions ou d'erreurs dans un travail accéléré, peut-être même trop circonscrit, cédera naturellement au besoin de porter ses regards vers d'autres sources plus certaines et plus fécondes de salut et de prospérité.

A notre égard, si nous élevons des doutes sur la réalisation de quelques-uns des résultats que promet le budget de 1816, ce n'est qu'en vue de provoquer la comparaison rigoureuse des mesures par lesquelles on a cru pouvoir les obtenir, avec celles que nous soumettrons immédiatement à la sagesse du législateur.

Examen du Budget. Le système sur lequel repose le budget se réduit, comme auparavant, à l'augmentation des mêmes impôts, des cautionnements et des inscriptions au grand-livre de la dette publique. Au moyen de ces différentes augmentations, les recettes tant ordinaires qu'extraordinaires, détaillées au tableau du budget, doivent procurer un excédant de 543,141 fr. sur tous les genres de dépenses.

Il était difficile sans doute de suivre un plan plus simple, pour arriver promptement au but qu'on était pressé d'atteindre ; et il se peut aussi qu'on n'ait maintenu provisoirement la vieille méthode que parce que le temps n'a pas permis de compter pour quelque chose le déplacement des fortunes, les changements qu'elles ont subis et les nouvelles directions qu'elles ont prises. Ces considérations du plus haut intérêt ne peuvent échapper long-temps à l'attention des hommes chargés de l'importante mission de rendre à notre belle France la possession de tous les avantages que la nature lui a prodigués.

En attendant, ce serait, il nous semble, injurier la raison que de l'associer à l'espérance de voir réaliser la balance du budget dans les caisses du trésor. Cette opinion est loin de nous appartenir exclusivement ; elle a besoin néanmoins d'être justifiée par quelques observations sur l'ensemble des ressources préparées pour le service de l'année courante.

Les recettes extraordinaires se composent d'abord, selon le budget, de centimes additionnels sur les contributions directes et du supplément des cautionnements. Ces deux articles, qui forment un peu plus de 150 millions, ne paraissent guères passibles de réduction ; en y ajoutant la retenue sur les traitements, et l'abandon, fait par la bonté du Roi, de 10 millions sur sa liste civile, voilà bien environ 175 millions de rentrées extraordinaires sur lesquelles on peut compter avec certitude pour le service de l'année 1816 seulement ; car le supplément des cautionnements, qui figure au budget pour 50,633,000 fr., n'est qu'une ressource accidentelle qui doit grever l'Etat d'une dette perpétuelle et inamortissable.

On a compris dans les mêmes recettes extraordinaires de cette année, environ 44 millions pour les recouvrements à faire sur les bois et les biens des communes précédemment vendus, et sur les décomptes des domaines nationaux. Si les besoins de 1817 sont, comme on doit le supposer, égaux à ceux de 1816, il faudra trouver le moyen de remplacer *extraordinairement* et ces 44 millions et les 50 de cautionnements, pour le service de l'année prochaine.

Toutefois il est douteux que les 44 millions rentrent intégralement avant le 1er janvier; et il est plus que probable qu'il y aura déficit dans les recettes fondées sur l'augmentation des impôts indirects.

Nous placerons en première ligne, et comme le plus facile à réaliser, l'impôt en général que perçoit l'administration des domaines, c'est-à-dire le droit de timbre et d'enregistrement, qui figurent ensemble au budget, l'augmentation du tarif comprise, pour une somme de 140 millions.

Il ne sera pas très-aisé, à la vérité, d'éluder le droit du timbre; et le produit qu'on espère en tirer ne peut diminuer qu'avec la masse des transactions. Mais il n'en est pas de même du droit d'enregistrement : plus le tarif en est élevé, plus il semble qu'on soit enclin à s'y soustraire.

Beaucoup de contrats volontaires contenaient déjà des déclarations infidèles et très-inférieures au véritable prix des objets vendus ; et la faculté conditionnelle de surenchérir n'a pas toujours offert au fisc une garantie certaine contre les atteintes portées à ses prétentions. La nouvelle augmentation du droit d'enregistrement sur la vente des immeubles ne fera pas germer le scrupule dans les consciences ; elles sont devenues beaucoup trop légères pour être mises en contre-poids dans la balance destinée à peser l'intérêt personnel.

De plus, le droit d'enregistrement influe trop directement sur la valeur vénale de l'immeuble, pour que la dépréciation de l'un ne soit pas inséparable de l'augmentation de l'autre. Ainsi plus le droit sera considérable, plus son produit doit s'amoindrir ; 1°. de lui-même, 2°. parce qu'il fortifiera l'habitude des déclarations inexactes, 3°. parce qu'il tend inévitablement à rendre les ventes plus difficiles et plus rares, en les rendant plus onéreuses.

Quand il est impossible de se dissimuler qu'une immense portion d'immeubles, devenus presqu'invendables à cause de son origine, prive aujourd'hui le fisc de ses rentrées les plus importantes , peut-on espérer que l'autre portion le dédommage de cette perte par une plus grande activité dans les aliénations ?

Si malheureusement il pouvait en être ainsi, ce serait le signe le plus certain du dégoût que le système fiscal aurait inspiré pour la propriété foncière ; et les Français , bientôt transformés en cosmopolites , se dépouilleraient involontairement du sentiment dont ils doivent emprunter toutes leurs forces , de cet amour de la patrie qui ne pourrait plus s'alimenter sur un sol dont la possession leur aurait été rendue insupportable.

Cette calamité sera prévue, nous devons le croire , parce qu'avant que l'événement ait justifié les observations que nous venons de présenter, en ne parcourant , pour ainsi dire , que la surface de la question (que nous nous proposons d'approfondir), et dès qu'on s'occupera de remplacer, pour le service de 1817, les quatre-vingt-quatorze millions de rentrées accidentelles qui appartiènent au service de 1816, on se convaincra sans peine de la nécessité d'une répartition plus égale d'impôts sur tous les genres de richesse qui existent en France. Nous allons terminer l'examen rapide des ressources extraordinaires présentées dans le budget.

Les contributions indirectes proprement dites, sels et tabacs compris , y sont portées pour une somme égale à celle qu'on se promet d'obtenir des droits perçus par l'administration des domaines, c'est-à-dire, pour 140 millions. Ce calcul a sans doute pour base l'exacte répression de la fraude. Cette répression est-elle bien certaine ? Est-elle rigoureusement possible ?...

L'administration des douanes présente un accroissement de 20 millions qui, ajoutés à pareille somme de recette ordinaire , doivent élever la totalité de ses produits à 40 millions. Cet accroissement est le résultat présumé de l'extension et de l'augmentation de l'impôt. Mais comme l'application des droits à une plus grande quantité d'objets offre plus de surface et leur augmentation plus d'appât à la contrebande , il s'ensuit qu'il faut plus de surveillance et plus de bras pour déconcerter la ruse et résister aux efforts des contrevenants dont le nombre , l'adresse et l'audace s'accroissent aussi à leur tour. Mettons encore en ligne de compte les privations que le consommateur s'impose, quand le droit lui paraît trop considérable.

Les deux administrations des droits-réunis et des douanes comptaient, avant la loi du budget, environ 50 mille employés qui doivent coûter au Gouvernement au moins 50 millions, en évaluant, d'après le terme moyen du fort au faible, les appointements de chacun d'eux à 1,000 francs. Si les frais de perception doivent être encore augmentés avec le nombre des commis, le législateur aura sans doute mesuré le terme où cette dépense énorme doit s'arrêter, afin 1° de ne pas rendre la charge plus onéreuse que la recette ne serait profitable ; 2° de ne pas dénaturer une institution salutaire dans son principe, au point de convertir l'établissement des douanes, dont le premier but fut de protéger notre propre commerce, en un instrument d'oppression et de guerre intestine. On n'a sûrement pas oublié en un mot, que le premier acte de la révolte populaire de 1789, que par adoucissement on est convenu d'appeler *révolution*, fut (12 juillet) l'incendie des barrières et l'expulsion simultanée de tous les employés. Ce souvenir terrible était vraisemblablement présent à l'esprit du législateur, quand il autorisa les abonnements pour les droits établis sur les boissons, voulant ainsi diminuer, autant qu'il le pouvait, ce que l'exercice de ces droits a de pénible et d'irritant en lui-même.

Les recettes de tout genre, proposées et adoptées dans le budget, ne s'étant pas trouvées égales à la dépense générale, on a, dans un dernier article, couvert le déficit du tableau par un prélèvement de 5 millions qui sera fait sur le crédit supplémentaire de 6 millions de rentes à créer pour les besoins imprévus. A ce moyen la colonne des recettes présente, sur celle des dépenses, le petit excédant de 543,141 francs, dont nous avons parlé plus haut.

Ce dernier article fait naître plusieurs réflexions : en le prenant d'abord à la lettre, il semblerait qu'on a compté sur l'intégralité de toutes les recettes sans exception, de manière à préciser d'avance toute la somme du déficit. Ce n'est pas là sûrement ce que le législateur a entendu, quand il a autorisé le prélèvement de 5 millions; il n'a pas pu manifester une telle confiance dans des calculs hypothétiques à certains égards et dans des recettes plus ou moins éventuelles. Nous devons donc penser que son intention, en accordant le crédit supplémentaire de 6 millions de rente , a été d'en appliquer tout ce qui en proviendra, à couvrir le déficit plus réel qu'il entrevoyait. Car si 5 millions lui avaient paru suffire , à quoi bon créer 6 millions de rente qui , au cours de 60 pour cent , doivent procurer un capital effectif de 72 millions ? Puissent même ces 72 millions combler le déficit de fait !.....

Le même article de 5 millions de recette , placé en regard de celui de 20 millions de dépense pour le fonds d'amortissement , donne lieu à une seconde observation fort embarras-sante : on voit d'un côté que le Gouvernement doit vendre des rentes pour se procurer des fonds , et de l'autre qu'il doit fournir des fonds à la caisse d'amortissement pour racheter des rentes. Vendre et racheter simultanément le même objet sont deux opérations qui semblent n'aboutir qu'à des frais de négociation et con-séquemment à une perte certaine qu'on pour-rait éviter. A moins de connaître le motif inexplicable de cette combinaison extraordi-naire , chacun pensera qu'il serait beaucoup plus naturel et plus simple de transmettre directement à la caisse d'amortissement les rentes qu'on se propose de vendre , en déduction des fonds à lui fournir pour racheter ces mêmes rentes sur la place.

Puisque nous avons été amenés à parler de la caisse d'amortissement, nous allons examiner de suite le système précipitamment adopté pour l'extinction de la dette publique, abandonnant au lecteur l'initiative des conséquences qu'il lui plaira tirer de nos précédentes observations.

EXTINCTION DE LA DETTE CONSOLIDÉE SELON LE BUDGET. Le système d'amortissement paraît fort simple au premier aspect : il consiste à distraire annuellement des revenus publics une somme de vingt millions pour être employée à racheter des rentes inscrites sur le grand livre de la dette publique. Cette somme de 20 millions, qui se compose du revenu des postes (1) et des fonds supplémentaires que le

---

(1) On ne voit pas bien pourquoi cette renonciation au revenu des Postes en faveur de l'Amortissement. Si on voulait abandonner ce revenu à une destination plus naturelle, il semblerait que l'éducation publique mériterait la préférence à tous égards. On n'a sûrement pas oublié que l'institution des postes est due à l'université de Paris, qui l'exploita dans l'origine pour son compte.

Trésor Royal fournira, doit être versée par douzième à la caisse, suivant les articles 104 et 105 de la loi sur les finances, et employée au fur et à mesure, conformément à l'art. 107, en achats de rente.

D'après cette disposition fondamentale, on devait s'attendre que la loi réglerait de suite le mode d'extinction graduelle de la rente rachetée par la caisse d'amortissement. Point du tout. L'article 108 déconcerte l'intelligence la plus souple, et lui présente un problême décidément insoluble, celui d'obtenir la réduction d'un fardeau par l'augmentation de sa propre

---

Il existait encore, à l'époque de la révolution, des grands messagers jurés de l'Université, dont les prérogatives se bornaient à un droit de *committimus*, qui leur permettait d'évoquer leurs procès au châtelet de Paris.

Ce ne serait donc qu'une restitution assez légitime ; mais comme elle serait au-dessus des facultés du gouvernement, on devrait bien au moins supprimer ces droits exorbitants, imposés sur l'éducation des enfants, droits qui semblent procéder d'un principe barbare, et réduisent beaucoup de pères de famille à l'impossibilité de disposer leurs enfants, par une éducation soignée, à devenir un jour des sujets fort utiles pour l'État et pour la société.

(15)

pesanteur : l'article, en effet, porte que les sommes qui rentreront à la caisse par le payement des sémestres (de rentes rachetées), seront également et immédiatement employées en achats de rentes.

Ainsi donc le Gouvernement, pressé par des besoins sans exemple, choisit ce moment même pour distraire 20 millions de ses revenus, sans diminuer immédiatement le poids de sa dette, puisqu'il payera à la caisse d'amortissement les mêmes arrérages de rente qu'il aurait payés aux particuliers:

L'article 109 annonce bien, à la vérité, que les rentes rachetées par la caisse seront ultérieurement annullées aux époques et pour la quotité qui seront déterminées par une loi. Mais jusqu'à ce que cette loi soit rendue, le système provisoire du budget aura pour résultat d'imposer au moins pour l'année 1816, une nouvelle charge de 20 millions à l'Etat, au lieu de lui procurer le moindre allégement. Continuer à servir les arrérages d'une rente dont on a remboursé le capital est une mesure qui ne peut avoir été déterminée que par un motif véritablement impénétrable.

Caisse d'Annuités. Si, malgré les charges immenses qui doivent peser sur la France pendant cinq années, il a paru possible en-core de distraire annuellement vingt millions de ses revenus, il pouvait paraître également possible de les appliquer à un emploi infini-ment plus utile et surtout plus salutaire que celui auquel on les a destinés, sauf à chercher des fonds ailleurs que dans les revenus publics, pour opérer l'amortissement de la dette cons-tituée, ainsi que nous espérons démontrer qu'il est juste et facile de le faire.

L'idée suivante, tout-à-fait indépendante de celles que nous nous proposions de dé-velopper, nous est inspirée par la disposition même du budget, relative au prélévement *actuel* de vingt millions, pour un soulage-ment *indéterminé*. Nous ne voyons pas en effet quel obstacle sérieux pourrait s'opposer à ce que vingt millions, délégués pendant cinq années sur des revenus spéciaux, de-vinssent aujourd'hui le gage inviolable d'une circulation praticable de cent millions d'an-nuités, remboursables par cinquième, d'an-née en année, avec une simple prime de un pour cent l'an.

On se tromperait fort, selon nous, si on supposait aux annuités quelque ressemblance avec les papiers émis jusqu'à ce jour par le

Trésor, sans en excepter les obligations si inconsidérément créées en 1814. L'une et l'autre opération sont diamétralement opposées entr'elles.

Remarquez bien d'abord que tous les papiers, qui ont paru tour-à-tour, reposaient sur les produits d'aliénations diverses ; que le discrédit est l'inévitable et premier effet de toute aliénation obligée, qu'il croît avec elle, s'y attache, la presse et la couvre comme le lierre saisit l'arbre qui l'avoisine.

Remarquez encore que le propre de l'aliénation est d'anéantir le gage qui fixait la confiance ; que le doute accompagne l'incertitude des produits et que la crainte suppose toujours l'abus qu'on en peut faire. Dès-lors les signes qui représentaient ces produits par anticipation sont repoussés de toutes parts ; et quand leur gage disparaît, on ne peut pas plus croire à la possibilité de leur remboursement intégral, qu'à la fécondité du néant.

Tout au contraire des annuités dont, ici, nous n'entendons parler qu'accessoirement et parce que le budget nous en fournit l'occasion.

L'annuité est bien autrement et de tout point, plus conforme aux vrais principes de l'économie publique, qui convient à notre ri-

2

chesse essentiellement territoriale. Son objet est d'épargner et de conserver à l'Etat ce même fonds capital que l'aliénation lui enlève, pour toujours, en si peu d'instants.

Elle a cet avantage précieux de neutraliser toute supposition d'éventualité et d'abus, parce que tout en elle se trouve fixé et limité, quotité, gage, emploi, rentrées, échéances, etc.

Si les ressources qu'elle procure sont en apparence et nominalement moins considérables, elles ne peuvent, en retour, jamais occasionner les pertes irréparables et inséparables de l'aliénation.

La délégation qui serait faite, par une loi et pour cinq années, d'une portion de revenus certains, de coupes de bois, par exemple, ne permettrait pas d'élever de doutes raisonnables sur l'exact remboursement de l'annuité à l'expiration de chaque année; parce que, 1°. les choses pourraient se préparer de manière à ce que les rentrées précédassent toujours les échéances; 2° parce que la délégation ainsi faite à une institution particulière, opérant sous les yeux, et avec l'attache de la commission déjà chargée de surveiller la caisse d'amortissement, les rentrées qui proviendraient de cette affectation éminemment privilégiée, irrévocable sous un gouvernement réellement représentatif, ne pourraient jamais changer de destination ; 3° parce que le gouvernement, en admettant et délivrant tour-à-tour et jusqu'à leur échéance, les annuités, dans la masse des payements qu'il reçoit et qu'il effectue, concurremment avec le numéraire et sans distinction, déjouerait infailliblement les efforts de l'agiotage qui tendraient à frapper ces valeurs de discrédit.

Pourquoi, nous demandera-t-on peut-être à présent, pensez-vous qu'il suffise d'accorder à l'annuité une prime d'un pour cent par an ? La modicité de cet avantage serait sans attrait pour les spéculateurs.

Pourquoi ? Le motif de notre conception est fort clair. Cette prime ne peut évidemment être accordée que pour imprimer à l'annuité ce caractère distinctif qui convient à tout objet privilégié ; et loin de vouloir que l'annuité puisse jamais tourner au profit des spéculateurs, nous voulons, au contraire, qu'elle deviène pour eux - mêmes un objet de nécessité, parce qu'en effet rien n'est plus aisé.

Nous allons justifier cette dernière proposition par l'exemple le plus analogue que nous pourrons trouver dans les systèmes d'économie politique de nos voisins. Cette manière d'appuyer le raisonnement sur l'expérience, paraît, en général, plus convaincante que la plus pressante dialectique. Nous présumons aussi qu'elle sera plus conforme au goût que nous avons pris pour l'imitation, à cet empressement d'aller chercher chez les autres des règles de conduite qui malheusement ne nous ont jamais été fort salutaires; sans doute, parce que, confondant presque toujours la modification du principe avec le principe même, nous avons été constamment précipités dans l'erreur la plus funeste, celle qui naît de l'amalgame des éléments les plus hétérogènes.... Les Athéniens allaient aussi quelquefois à Lacédémone pour observer, mais non pour imiter le gouvernement des Spartiates; et si, par un de ces évènements extraordinaires qui déplacent les peuples, la nation anglaise se trouvait subitement transportée en France, on peut affirmer, sans hésiter, qu'elle rejéterait avec dédain toutes nos imitations avortées de ses plus utiles conceptions. Bon ! disaient les dominateurs du temps, à chaque nouvelle émission d'assignats, nous sommes loin encore d'avoir une quantité de papiers égale à celle qui circule

en Angleterre; et ils allaient leur train. On
sait le reste.....

Imitons , approprions-nous toutes les dé-
couvertes utiles dans les sciences, dans les
arts, rien de mieux. Empruntons même de
nos voisins les institutions morales ou poli-
tiques , dont l'expérience atteste les bons
effets, à merveille. Mais sachons appliquer
avec justesse le principe que nous adoptons,
et modifions-le selon l'essence et dans l'ensemble de tout ce qui nous est propre , si
nous voulons éviter les plus fâcheux contre-
sens.

Il existe , par exemple , à Amsterdam , une
banque de dépôt. J'examine son mécanisme ,
et je vois que nous ne pouvons pas nous
l'approprier. Mais je cherche, en suivant tous
ses mouvements , en explorant tous ses pro-
cédés , s'il n'y a rien , dans cet admirable
établissement , dont par quelque sorte d'ana-
logie , nous ne pourrions pas profiter. Je remonte à la source , et je trouve que la Hollande , riche de ses économies, attirant à elle
l'argent de tous les peuples dont elle est de-
venue le grand voiturier , s'occupe des moyens
de fixer chez elle cette masse de numéraire ,
sans néanmoins suspendre l'usage qu'elle a

besoin d'en faire pour ses transactions ; je remarque en même temps que les payements s'y font confusément avec toutes les espèces étrangères dont les différents titres occasionnent des embarras, des difficultés, dans la réduction qu'il faut en faire à chaque instant. Le prétexte seconde le motif.

On propose aux négociants de déposer leurs espèces dans un lieu commun ; d'en confier la garde et le mouvement fictif à ceux d'entr'eux qu'ils choisiront ; d'ouvrir à chaque dépositaire un crédit égal aux valeurs qu'il remettra, pour en disposer à son gré, sans être forcé dorénavant de déplacer son argent, de l'énumérer, d'en débattre l'évaluation, etc.

Mais quelle sera la base de cette évaluation ? On choisit pour étalon la monnaie frappée au titre le plus fin. C'est le ducaton, qui vaut intrinséquement environ un pour cent de plus que les autres monnaies des Provinces-Unies. Bientôt les monnaies étrangères disparaissent de la circulation ; il n'y reste que celles du pays. Ainsi on distinguera désormais en Hollande l'argent courant d'avec l'argent de banque. Voilà donc à-la-fois le but du gouvernement rempli, et le négociant satisfait d'être délivré d'un soin qui le fatiguait.

Ce n'est pas tout : l'ignorance pourra s'offusquer de cette innovation , la prévention l'improuver, et l'intérêt personnel la contrarier. Le gouvernement a la sagesse d'écarter tous ces inconvénients : il ordonne que les traites tirées de l'étranger , qui a le plus de relations avec la Hollande , seront stipulées payables en argent de banque. Voudrait-on essayer de déprécier cet argent ? la banque le raréfie à son gré ; elle le rachète et en rehausse la valeur à son profit ; enfin elle parvient à maîtriser le cours du change, et place ainsi dans la balance du commerce un poids qui fait pencher le bassin en sa faveur. Que d'heureux résultats !

On voit bien que je ne fais qu'esquisser ici les avantages de cette habile combinaison , parce que je n'ai besoin que de sa substance pour établir la comparaison à laquelle je me hâte d'arriver.

La Hollande s'est donc créé un fonds capital avec un gage réel à la vérité , mais qui demeure invisible , qui est périssable et infécond de sa nature.

Ce gage a échappé à plusieurs dangers , à l'incendie qui consuma l'hôtel - de - ville d'Amsterdam où il était originairement déposé, et, plus miraculeusement de nos jours, à la rapacité de Buonaparté. D'autres accidents peuvent le faire disparaître, quelque soin qu'on apporte à sa conservation.

La France au contraire possède et peut offrir à la sûreté publique un gage bien plus réel, un gage naturel, évident, impérissable, d'un produit infaillible et régulier, qu'aucun événement même de force majeure ne pourrait détruire, en un mot, sans anéantir à la fois la nation entière.

Avec son fonds artificiel, la Hollande est parvenue à commander au-dedans et au-dehors la confiance de la classe la plus ombrageuse et la plus attentive à ses intérêts, celle des négociants ; il lui a suffi de dire : Je vous offre un bienfait, je veux que vous en profitiez ; et pour que vous ne puissiez hésiter à l'accepter, telles et telles traites ne seront stipulées dorénavant payables qu'en argent de banque ; et l'argent de banque a circulé par nécessité, en continuant de valoir plus que l'argent courant ou effectif.

Et la France, aujourd'hui placée sous un gouvernement représentatif, à l'abri de toute mesure arbitraire, ne pourrait pas dire : je crée une caisse d'annuités pour soulager l'Etat, je lui délègue irrévocablement le produit des coupes de bois jusqu'à leur extinction totale. Je place cette caisse sous la surveillance immédiate des hommes le plus justement investis de la considération et de l'estime universelles ; elle demeure essentiellement indépendante ; et pour que la confiance ne soit pas un instant chancelante, la loi ordonne que tels et tels payements ne puissent être faits aux caisses publiques qu'avec des annuités ! ! !

Eh quoi donc ! quand tout annonce que l'Etat aura peut-être un milliard à payer en 1817, il ne pourrait pas en composer la dixième partie avec l'abandon momentané de ses revenus les plus certains, les plus indépendants, les plus absolus ? Nous serions donc le seul peuple sur la terre auquel il serait interdit de faire un usage profitable de ses ressources les plus réelles, quand nos voisins savent si bien s'en créer !

Les plus sages et les meilleures institutions peuvent être, je le sais, compromises entre des mains inhabiles, comme je sais qu'en confiant à un maladroit des armes pour ma défense au moment du danger, il peut les tourner contre moi. Hors cet inconvénient, que la prudence peut écarter, je cherche inutilement des objections sérieuses à résoudre.

Dira-t-on qu'il n'y a pas de similitude entre la banque d'Amsterdam et la caisse des annuités? Quant à la forme , j'en conviens ; quant à l'effet, non. Ne s'agit-il pas d'un côté comme de l'autre d'établir une circulation utile sur un gage assuré ? Je bâtis , comme a fait la Hollande , avec les matériaux qui sont en ma possession ; et je demande à mon tour qu'on veuille bien me déclarer de bonne foi lequel des deux édifices est et sera toujours le plus solide. Que d'autres fassent mieux , et je ne serai certes pas le dernier à mêler aux accents de la reconnaissance publique ceux de la plus expressive et la plus sincère admiration ; mais je ne m'écarterai jamais de cette maxime : *Nec te quæsiveris extrà.*

Toute la question au surplus se réduit à savoir s'il vaut mieux se ruiner avec certitude , en aliénant son fonds , que de le conserver intact , en s'en aidant sans perte. Cette alternative paraîtra sûrement digne des plus sérieuses réflexions.

Il est temps de revenir à la caisse d'amortissement.

EXAMEN DE LA CAISSE D'AMORTISSEMENT DANS SON ÉTAT ACTUEL. —.Selon toute apparence, la caisse d'amortissement est destinée à diriger toute autre opération que celle du rachat des rentes; dont un simple agent-de-change s'acquitterait aussi bien qu'elle. Sans cela cette administration ne serait qu'une superfétation burocratique, comme il en a été tant formé depuis la révolution, sans qu'on ait encore songé aux importantes économies qu'on obtiendra de la réformation de cet abus non moins préjudiciable au cours de la justice administrative qu'à l'intérêt du trésor.

Quand Buonaparte créa la caisse d'amortissement, à laquelle il avait joint celle des dépôts et consignations, qui vient d'en être séparée, l'insatiable spoliateur avait l'arrière-pensée d'envahir tous les capitaux qu'il pourrait atteindre. C'est dans cette même intention, qu'en conférant à la banque de France son privilége de société anonyme, il l'obligea au doublement de son premier capital. Si l'événement ne justifiait pas l'exactitude de nos réflexions sur les principes de fourberie qui dirigeaient tous les actes de Buonaparte, nous citerions la connaissance personnelle qui nous en a été transmise dans une occasion où il voulait exécuter un vol manifeste de 100 millions qu'il avait médité dès son arrivée au consulat. Le refus, dont nous nous honorons, de lui prêter notre ministère, nous a valu, outre le pillage scandaleux de notre fortune entière, d'être, pendant les dix dernières années de son usurpation, l'objet privilégié de sa haine la plus implacable et de ses plus lâches persécutions.

Buonaparte avait donc jugé que, pour mieux imposer, il avait besoin d'une burocratie populeuse, au sein de laquelle il pourrait d'ailleurs établir un plus grand concours de souplesse, en étalant aux yeux de la cupidité et de l'ambition la prodigalité avec laquelle il voulait obtenir un dévouement servile et s'environner de cette rivalité de bassesse que Tacite appèle quelque part *servitutis œmulatio*. Son dessein bien évident était de nous conduire à l'esclavage par la misère des uns et la corruption des autres.

Comme sous un gouvernement légitime et durable, toutes les institutions ne peuvent avoir que l'équité pour base et le bien général pour objet, voilà pourquoi nous pensons que ce n'est pas uniquement pour acheter, avec une portion du revenu public, des rentes des-

tinées à être un jour annullées , qu'on a ré-
tabli la caisse d'amortissement , mais pour
opérer dans l'intérêt de l'Etat et dans celui
des créanciers , l'extinction graduelle de la
dette constituée ; c'est-à-dire , sans sacrifice
d'un côté et sans perte de l'autre. Cette proposition exige quelques développements.

D'abord le rachat des rentes avec les deniers publics ne peut pas être considéré comme
un vrai système d'amortissement, ou bien il
faut changer la valeur des expressions. Ce
rachat n'est , et l'on ne peut y voir qu'un
remboursement partiel et oblique de la dette ,
au moyen de sacrifices dont la durée serait
incalculable , si le système actuel de finances
ne devait recevoir ni modifications, ni améliorations ; car on serait long-temps forcé
d'émettre plus de rentes pour se procurer des
capitaux, qu'on n'en pourrait racheter sur la
place avec les vingt millions qu'on doit donner
à la caisse. Et lorsqu'on serait arrivé au terme
de ne plus faire usage de cette ressource rui-
neuse , le cours de la rente venant à s'élever ,
l'Etat aurait à rembourser infiniment plus qu'il
n'aurait reçu. Delà , infraction manifeste aux
premières règles de l'économie publique.

Indépendamment des sacrifices illimités que

la mesure adoptée en ce moment laisse apercevoir, est-il bien de la dignité du Gouvernement d'aller grossir le nombre des spéculateurs sur la hausse ou la baisse des fonds publics? Quelque loyauté, quelque franchise qu'il mette dans ses ventes et dans ses achats, pourra-t-il écarter les soupçons fâcheux qui environnent ce genre d'opérations, par cela seul qu'elles ne sont pas toujours essentiellement morales? On peut voir ce que nous avons publié, à cet égard, le 25 novembre 1815, dans nos considérations sur l'état des finances et les besoins extraordinaires du Gouvernement (imprimées chez Patris).

Nous pensons qu'il résulte assez clairement des observations qui précèdent, que le législateur a bien manifesté la volonté d'amortir la rente, mais qu'il n'a pu remplir encore sa très-salutaire intention de diminuer la charge et non de l'augmenter. La difficulté, qui l'a jeté provisoirement et malgré lui dans un cercle radicalement vicieux, vient de ce qu'il n'existe en effet aucun gage originairement (1)

____

(1) On remarquera que nous ne parlons que de l'époque où toutes les rentes, qui avaient dans le principe des affectations particulières, sont demeurées définitivement à la charge du trésor.

affecté au payement des arrérages de la dette constituée ; car il n'eût pas manqué de le convertir en fonds d'amortissement. L'imprévoyance de nos devanciers nous oblige donc de suppléer ce qu'ils ont négligé de faire.

SYSTÈME D'AMORTISSEMENT SELON LES ANCIENS PRINCIPES. —Maintenant où trouver un fonds d'amortissement ailleurs que dans les revenus publics ? Dans la dette même.

Qu'on ne s'effraye pas de la proposition : on verra bientôt qu'il ne s'agit que d'être juste, de rétablir ce qui a été détruit, de faire tourner l'amortissement même au profit des créanciers, en soulageant l'état efficacement.

Est-il juste, en premier lieu, ou ne l'est-il pas que tous les citoyens indistinctement contribuent aux charges de l'Etat ?

Est-il ou n'est-il-pas vrai que plus l'impôt est divisé, plus le poids en est supportable et la rentrée facile ?

S'il n'est pas raisonnablement permis de mettre ces propositions en question, il doit l'être alors de demander pourquoi les rentiers de l'Etat sont exempts de tout impôt ?

Parce que, dira-t-on, la rente ayant été

réduite, il y a vingt ans, au tiers de son produit, il ne convient plus de l'imposer.

Mais, depuis vingt ans, les rentes sont passées en d'autres mains. On ne compte peut-être pas aujourd'hui un titulaire ancien contre cent acquéreurs de tiers consolidé. Ce serait tout au plus le cas de prononcer en faveur de celui qui a supporté la réduction, une exception qui prouverait elle-même la justice et la nécessité d'imposer la rente. Ce serait une occasion de plus offerte au Gouvernement d'exercer sa bienfaisance. Sans prétendre nuire aux rentiers, nous croyons qu'il existe une classe bien plus digne de l'intérêt qu'on leur prodigue, celle des infortunés dont on a ravi le patrimoine, en égorgeant les auteurs de leurs jours, et bien d'autres encore. Reposons-nous donc avec plus de confiance sur la sollicitude et la bonté déjà si hautemeut manifestée d'un gouvernement paternel ; mais ne demandons pas que sa générosité et son indulgence envahissent le domaine de la justice (1).

____

(1) Il serait difficile de dire à quel point l'impatience nous rend injuste, et l'erreur qui nous touche, inexorables. On voudrait exiger l'infaillibilité dans ceux qui

En ouvrant le livre de la loi, nous voyons qu'écartant toute considération individuelle dans les principes qu'il consacre, le gouver-

nous gouvernent, alors même qu'on met plus de soin à les tromper. Voici un fait qui s'est passé sous nos yeux le 31 mars 1814, et que tout le monde peut vérifier à la municipalité des Petits-Pères, qui en a dressé procès-verbal.

Trois particuliers sont arrêtés distribuant, pour le rappel de la famille des Bourbons, une adresse qui servit de type à celle que la commune de Paris fit afficher trois jours plus tard. Arrivés aux Petits-Pères, plusieurs officiers de la garde nationale se portent aux derniers excès envers eux, arrachent leurs cocardes, déchirent les adresses et menacent de les passer par les armes en sortant. Quelques chefs interviènent et font retirer les furieux qui attendent leurs victimes à la porte. Mais le maire fait évader les royalistes par l'atelier des malles de poste qui aboutit à la rue Vivienne.

Peu de temps après cette scène, les mêmes hommes, qui s'étaient si fortement prononcés contre les partisans du Roi, sollicitent et obtiènent de Sa Majesté des grâces, des faveurs, des récompenses, etc. Que conclure de cette inversion ? Que l'imposture et l'intrigue se sont avancées jusqu'au pied du trône ; et que la modestie, plaçant sa plus douce récompense dans l'accomplissement de ses vœux, s'est abstenue de rivaliser de sollicitations. Il faudrait être souverainement injuste, selon nous, pour crier à l'injustice en pareille occasion.

3

nement a compris au nombre de ses créanciers ceux mêmes qui, déterminés peut-être
autant par un dévoûment coupable envers
l'usurpateur que par l'appât du gain, ont se-
condé de tous leurs moyens les efforts d'une
armée rebelle dirigés contre les plus fidèles
sujets du Roi; et les héritiers des braves Ven-
déens qui ont péri pour la cause sacrée, contribuent, sans murmurer, au payement des 130
millions dûs presqu'en totalité aux complices
des révoltés de 1815.

Si donc le gouvernement n'admet pas d'exception dans la distribution du bienfait, doit-
il en admettre dans celle de la charge? Faut-
il augmenter le fardeau du propriétaire, de
l'agriculteur, du manufacturier, de l'artisan,
pour le profit de la classe parasite, de la classe
la plus inutile de la société? ou veut-on, sans
froisser personne, ménager les plus grands
avantages aux rentiers? Hé bien! nous allons
en indiquer, dans un instant, le moyen le
plus infaillible. Mais il faut dire auparavant à
quelles conditions ils peuvent obtenir un tel
bienfait.

De tout temps la rente sur l'Etat fut considérée comme un immeuble fictif, et soumise
à l'impôt de même que les biens-fonds. Deux

vingtièmes et quatre sous pour livre du premier vingtième, en tout 11 pour cent, voilà ce que la rente payait, sans que le cours en ait jamais été détérioré autant que depuis qu'elle a cessé d'être imposée.

Les acquéreurs de la rente réduite au tiers qui, depuis vingt ans, retirent au moins 8 ou 9 pour cent de leurs capitaux, seraient-ils donc tant à plaindre, si leur énorme revenu était enfin soumis à la retenue d'un seul et unique vingtième sans accessoires ?

Cette retenue d'ailleurs n'aurait réellement de l'impôt que le nom, et ne serait qu'une véritable avance dont le rentier seul retirerait définitivement le plus grand avantage, ainsi qu'on va bientôt s'en convaincre.

La rente, en outre, n'était autrefois cessible que par acte notarié, et supportait conséquemment des frais de contrat et d'enregistrement qui se trouvent aujourd'hui supprimés. On a substitué à l'ancienne forme le transfert pur et simple, et sans frais, sur le grand-livre de la dette consolidée. Cette mesure fut imaginée dans un moment d'extrême baisse, pour relever le cours de la rente par plus de facilité et de célérité dans les négociations. On ne voit pas d'inconvénient à ce qu'on la laisse subsister, puisque chacun la trouve plus commode.

Mais est-il bien dans les règles de l'équité que cette plus grande commodité accordée par le gouvernement aux acheteurs et vendeurs de tous effets publics quelconques, lui deviène préjudiciable et le prive d'une portion de revenus qu'il faut, de quelque manière qu'on envisage les choses, reporter, en dernier lieu, sur les autres classes de citoyens?

Et si le rétablissement d'un léger droit de vente, perceptible sans frais, doit, ainsi que le vingtième proposé, tourner tout entier, par une seule et même destination, à l'avantage exclusif des rentiers, de quoi donc encore auraient-ils à se plaindre sous ce second rapport?

Remarquez bien qu'il n'est ici nullement question d'innover, mais de reconstruire ce qui a été détruit. Ainsi on dira du gouvernement légitime (ce qui est parfaitement dans l'ordre) *reædificat*, comme on disait de l'autre *diruit*.

N'est-il pas de fait qu'une ère nouvelle a commencé pour les fortunes privées, il y a vingt ans, période pendant laquelle la somme des intérêts d'une rente constituée au denier vingt égalerait le capital ? D'un côté la rente a été réduite ; de l'autre , l'Etat a été privé de tout ce qu'il aurait perçu de droits , tant par la retenue des vingtièmes dont les rentes étaient passibles , que par l'enregistrement des contrats de transmission. Si la compensation n'est pas rigoureusement exacte , qu'on veuille donc bien fixer l'époque à laquelle on rouvrira les anciens canaux des revenus publics qui ne peuvent rester fermés indéfiniment sans abus et sans injustice.

·Croirait-on sérieusement, par hasard, que la classe des propriétaires ait été , pendant les longs orages révolutionnaires , mieux traitée , et soit aujourd'hui plus heureuse que celle des rentiers ? Une telle supposition serait une injure faite à la vérité, un blasphème contre l'évidence. Nous ne pouvons pas l'admettre.

En résumant la question , on voit que le privilége de ne payer aucun impôt dont jouissent, depuis vingt années révolues , et par une espèce de tacite reconduction , les acquéreurs de rente , c'est-à-dire les quatrevingt-dix-neuf centièmes des rentiers , on voit que ce privilège repose précisément sur une considération qui ne leur est pas applicable, puisque la réduction ne les a pas atteints. Le moment serait donc arrivé de faire cesser cette inégalité de condition, entre les citoyens, qui n'est qu'un vrai contre-sens.

En conséquence nous pensons, qu'il serait juste et convenable de faire revivre le principe de l'assimilation de la rente à l'immeuble, en imposant le modique droit de demi pour cent, soit dix sols par cent francs sur la vente, et autant sur l'achat de toute espèce d'effets publics qui se négocient à la Bourse, sans distinction des natures de marchés. La perception pourrait en être confiée aux agents-de-change, sous leur responsabilité et sans émoluments, parce qu'en recevant leur droit de courtage, il ne leur en coûterait pas plus de recevoir, en même temps, le droit de vente et d'achat.

Le produit de ce droit, à la garantie duquel le cautionnement de l'agent-de-change demeurerait affecté, serait versé, toutes les semaines, à la Caisse d'amortissement, de même que la retenue du vingtième sur les rentes et pensions le serait, tous les six mois, par le Trésor-Royal.

Ce double versement formerait le fonds de l'amortissement, sans qu'il en coûte une obole à l'État.

L'extinction de la dette se ferait en plusieurs tirages, au moins deux, dans le courant de chaque année.

La rente, dont le sort aurait favorisé le numéro, serait remboursé intégralement et au pair de toute sa valeur nominale, pour une portion uniformément déterminée, afin qu'un plus grand nombre participe aux avantages de la chance, et sans que le numéro, déjà sorti, d'une coupure plus forte que la somme attribuée à tous les numéros indistinctement, soit exclus des tirages subséquents, avant son entière extinction. Enfin, si la coupure d'un numéro favorisé était inférieure à la somme fixée pour le remboursement de chaque numéro, l'excédent serait reversible sur le numéro qui le précède ou le suit.

Craindra-t-on à présent que le rétablissement d'un vingtième unique et du droit insensible de mutation fasse baisser le cours de la rente ? ou plutôt doutera-t-on de sa hausse inévitable ?

Le gouvernement aura donc ainsi créé un vrai système d'amortissement, incontestablement avantageux pour lui-même et pour ses créanciers.

Non-seulement il épargnera les 20 millions

qu'il voulait sacrifier annuellement pour rembourser les rentes par la voie du rachat, opération, nous osons le répéter, fausse, onéreuse et discordante avec les principes de franchise et de loyauté qu'il professe ; mais il y gagnera de toute manière ; d'abord, en crédit et en confiance ; de plus, par le fait de la hausse certaine, dans le cas où malheureusement il se verrait encore forcé de créer des rentes pour être vendues, ou pour être données en payement de subsides aux alliés.

Enfin il écartera les soupçons injurieux de la malignité toujours disposée à l'accuser d'user de moyens détournés pour faire baisser les effets publics, au moment de ses achats, comme il est arrivé il y a deux ans, quand on a vu les obligations du trésor perdre, dès leur création, vingt-huit pour cent, l'intérêt compris.

Voilà bien toutes nos propositions sur l'amortissement, à ce qu'il nous semble, suffisamment expliquées, et leurs résultats fort clairement démontrés.

Nous allons exposer maintenant comment le déplacement des fortunes, et la nouvelle direction qu'elles ont prise vers un emploi non moins certain, mais incomparablement plus lucratif que le revenu de la propriété foncière, nous allons exposer comment ce nouvel ordre de choses peut offrir d'immenses ressources à l'État, par la seule et juste application d'un principe déjà consacré dans la loi de finances.

Du budget de 1814. — Lors de la première rentrée du Roi dans l'antique domaine de ses aïeux, la situation de la France permettait d'espérer incessamment, avec le retour du calme, celui de la prospérité et de l'abondance. Nous n'avons pas à rappeler ici les causes qui amenèrent, avant l'année révolue, la plus affreuse des catastrophes; et quoiqu'elles soient les mêmes que celles de notre pénurie et de tous nos embarras présents, nous examinerons les choses sous un autre point de vue.

Six semaines étaient à peine écoulées depuis cette époque mémorable où le présent nous consolait déjà du passé, en découvrant à nos yeux les riantes perspectives de l'avenir, lorsqu'on vit paraître (22 juillet 1814) sur la situation des finances, le rapport du ministre qui comprima toutes les joies et confondit toutes les espérances. (1)

______

(1) Voir nos observations sur ce rapport, adsessées au Roi, le 10 août suivant, et imprimées chez Poulet.

On ne pouvait concevoir d'abord comment le ministre avait pu annoncer aussi prématurément que la dette arriérée s'élevait à 759 millions : il était impossible, moralement, que toutes les créances fussent connues, et physiquement, qu'elles fussent liquidées en si peu d'instants. On savait généralement qu'il y avait de grandes et trop justes réductions à faire sur toutes ces réclamations exagérées qui dataient des derniers temps de l'usurpation où l'on ne voyait que confusion, désordre et pillage sur tous les points de la France. Les uns prétendaient se faire rembourser de tout ce que le soldat avait enlevé aux malheureux habitants des campagnes. D'autres, plus habiles, se présentaient avec des titres de forme règulière, qui attestaient une masse de réquisitions, en denrées de tout genre, dix fois plus considérable que la consommation effective n'avait évidemment pu le comporter. Il y avait donc nécessité absolue de soumettre préalablement toutes ces prétentions à une vérification rigoureuse, d'après les contrôles èt par le raprochement des opérations précipitées, des mouvements rapides et de la destruction plus rapide encore des armées françaises. Ainsi le voulaient la raison et la justice, nous osons même dire la pudeur. L'équité voulait encore que toutes ces créances fussent remboursées en inscriptions sur le grand livre, puisque ce mode, adopté par l'usurpateur pour le payement de l'arriéré, était devenu la base des spéculations et la règle de gestion de ceux qui se livraient aux chances hasardeuses des entreprises de la guerre.

On fut bien plus étonné, ou plutôt on fut atterré de voir le ministre proposer plus prématurément encore la vente des bois domaniaux et des biens des communes pour acquitter des dettes incertaines, des dettes incontestablement réductibles, des dettes dont la nature du remboursement était indiquée, fixée par son seul et véritable auteur.

Le ministre enfin proposait de créer de nouvelles promesses de mandats territoriaux, sous le titre d'obligations du trésor, portant intérêt de huit pour cent, sous le titre, ultérieurement déguisé, d'indemnités. Il ne manquait plus, pour ramener tous les désastres de la révolution, que de faire revivre de suite le système des emprunts forcés qui a si puissamment déterminé ce déplacement et cette nouvelle direction des fortunes dont nous allons parler, comme d'une occasion naturelle et légitime d'en obtenir d'importantes ressources. (1)

Réminiscences déplorables qui nous fûtes présentées comme les plus heureuses conceptions, puissiez-vous être à jamais reléguées dans l'abîme d'où vous vous étiez échappées, quand vous reparûtes le 22 juillet 1814, au grand étonnement de tous les cœurs droits et de tous les esprits justes !

De l'impôt applicable a la propriété fictive. Aussitôt après l'épuisement rapide de tous ces produits incalculables de vente, de confiscation, de spoliation, de vol et de meurtre, dont il serait aussi pénible que superflu de retracer l'épouvantable histoire, il fallut s'occuper des moyens de trouver ailleurs de quoi suffire aux dilapidations (2), et à toutes ces

---

(1) On sait que la mesure de l'emprunt forcé eut lieu plus tard, et avec quelles formes brusques et inconvenantes on l'exécuta à Paris.

(2) Chacun prenait, pillait à qui mieux mieux : il suffisait de se présenter avec effronterie pour avoir sa part des deniers publics. C'était la ruse qui spéculait sur l'ineptie. On a vu les uns obtenir des avances pour travailler à l'œuvre hermétique, d'autres pour importer des grains dont on manquait toujours, même au sein

dépenses excessives qui devaient aboutir au néant, quel que fût le prolongement de la crise révolutionnaire. On imagina de créer des emprunts forcés; procédé nouveau, et bizarre expression!

D'autre part, on connaissait le danger réel qu'il y avait à posséder quelque fortune apparente. Les emprunts forcés, dont tout le poids était arbitrairement réparti sur la propriété, augmentèrent les justes allarmes qui troublaient déjà toutes les têtes. La rente sur l'Etat ne paraissait plus offrir de garantie bien certaine, et sa réduction la fit même regarder d'abord, par beaucoup de gens, comme la pâture de l'agiotage, plutôt que comme un moyen de placement solide. On se fixa aux avantages de la propriété dégagée de toutes charges, et

---

de l'abondance. Ces derniers étaient à la fois expéditeurs, assureurs et armateurs en course, sous différents noms. Comme corsaires, ils capturaient leurs propres expéditions. Comme assureurs, ils négligeaient les formalités prescrites pour exercer l'action en recours. Jamais baraterie de patron n'offrit d'exemple pareil de supercherie et de volerie. Le Gouvernement de ce temps-là, qu'on appelait *le bon temps*, recevait, pour ses avances, de la fumée et des chiffons.

l'hypothèque prévalut sur la possession de l'immeuble.

Des propriétaires vendaient leurs domaines moyennant la moitié du prix comptant, et l'affectation de l'autre moitié par privilége sur l'objet aliéné, à raison de six pour cent sans retenue; ils plaçaient la portion du prix reçu sur un autre immeuble au plus haut intérêt qu'ils pouvaient obtenir, et doublaient ainsi, triplaient même quelquefois le revenu qu'ils retiraient auparavant de l'objet vendu.

D'un côté, la gêne excessive d'un grand nombre de propriétaires, de l'autre, l'abrogation tacite des lois répressives de l'usure, ou plutôt l'allocation consentie par les tribunaux, de tous les intérêts usuraires stipulés dans les actes, tout aidait puissamment à un genre d'opérations qui s'est étendu au point, que la masse générale des immeubles est aujourd'hui grévée de créances privilégiées qui excèdent indubitablement le quart de sa valeur vénale.

Voilà ce qui existe, et ce qu'on peut promptement vérifier par le relevé des inscriptions de toutes les hypothèques utiles, c'est-à-dire, des hypothèques acquises par contrats ou obligations portant intérêt.

Il résulte de cet état de choses, (plus explicitement détaillé dans nos *Considérations* déjà rappelées,) que le créancier hypothécaire est, par le fait, plus propriétaire de l'immeuble que le propriétaire même. Les revenus les plus certains, les plus liquides, lui sont assurés imperturbablement, et sans aucune rétribution; les charges, les pertes, les non-valeurs sont, au contraire, le partage exclusif du possesseur apparent.

De là donc encore inégalité manifeste de condition entre les enfants d'une même famille, privilége injuste, que la raison d'Etat ne doit pas plus admettre que l'équité, infraction au principe qui fixe l'augmentation progressive des droits de timbre imposés à tous les engagements de commerce, quoiqu'ils ne soient lucratifs qu'éventuellement, et seulement exécutoires après de longues et dispendieuses formalités dont le titre hypothécaire est dégagé.

On peut dire de l'hypothèque utile, qu'elle est une propriété *fictive*, beaucoup plus justement qu'on ne dit de la rente sur l'Etat, qu'elle est un immeuble *fictif*, destiné concurremment avec la propriété foncière, à l'emploi des deniers de mineurs, de communautés, etc.

Si le contrat de constitution sur l'Etat doit être soumis à l'impôt, pourquoi celui sur les biens-fonds ne le serait-il pas également ? Serait-ce parce que l'une des deux garanties est exécutable et physique, l'autre, au contraire, seulement politique et morale ? Pourquoi donc enfin, lorsque les fortunes se reproduisent sous de nouvelles formes, serait-il interdit de suivre et d'atteindre toutes leurs transformations ? Car ce que nous faisons observer ici, pour les revenus productifs de l'hypothèque, ne devra pas rester étranger à tous les autres genres de profits dont l'origine remonte à de grandes concessions, ou qui émanent de ces vastes entreprises privilégiées, de ces tributs établis sur la nécessité commune, par la faveur bien plus que par l'industrie. L'énumération de ces sources, où l'Etat peut équitablement puiser encore, serait trop étendue, et nous éloignerait, en ce moment, beaucoup trop de l'objet que nous nous sommes proposé dans cet écrit.

Deux questions sont donc à résoudre : la première, de savoir si les revenus les plus certains et les plus productifs doivent ou ne doivent pas être imposés ; la deuxième, si l'impôt sur la propriété fictive sera le même que celui proposé pour la rente constituée par l'Etat, ou que celui qui pèse sur la propriété matérielle.

Cette deuxième question, qui n'est que le corollaire de la première, est dans le domaine de la législation ; mais l'autre est toute entière dans celui de la justice.

Le législateur peut donc très-bien modifier l'impôt, d'après les indications de sa propre sagesse. Mais nous ne pensons pas qu'il puisse méconnaître le principe de l'égale répartition des charges publiques, parce que ce principe, qui nous vient d'en haut, comme une émanation nécessaire et ineffaçable de l'éternelle justice, est gravé au fond des consciences, parce que tous les efforts de la raison humaine ne peuvent détruire la puissance de ce tribunal souverain, de ce for intérieur qui attache à nos erreurs et à nos faiblesses le repentir et le regret. Le législateur fera donc disparaître ce privilége monstrueux dont jouit la classe la plus fortunée, de ne pas contribuer au soulagement de l'Etat ; parce qu'une telle exception est une infraction manifeste aux lois de l'équilibre, une véritable anomalie politique qui choque toutes les consciences et doit agiter plus vivement encore

4

celle du délégué de la Toute-Puissance pour la conservation de l'ordre social.

En prenant la plus faible des deux bases pour la fixation de l'impôt sur la propriété fictive(nous n'en ferons pas ici l'inutile et hypothétique évaluation), son produit sera nécessairement très-considérable, quand on pense que la masse des créances hypothécaires est incomparablement plus forte que celle des rentes sur l'Etat.

Avant de répondre aux objections que nous n'avons que trop pressenties et prévues, nous croyons devoir rappeler la nécessité de nous conformer plus que jamais à cette maxime : *Ne cherchons pas ailleurs ce qui existe en nous-mêmes.* Hé ! quoi donc ! parce qu'il a convenu à une classe nombreuse de contribuables de mettre à profit le silence que le désordre a pu seul imposer à la première des lois de la société , ce serait un motif pour favoriser les calculs privés aux dépens de l'intérêt public ! Non, non, la justice demeurera toujours inséparable de la vérité : or, la vérité est qu'il faut pourvoir aux besoins de l'Etat, et qu'on ne peut y suffire que par une répartition générale et relative de l'impôt.

On nous dit donc en premier lieu, que si l'on impose les titres hypothéqaires , il arrivera que les capitalistes aggraveront le sort des propriétaires qui ont recours à eux. Cela peut être vrai ; mais quand même nous n'aurions rien à proposer pour contrebalancer cet inconvénient, serait-ce donc un motif pour laisser l'Etat en souffrance ? Si des considérations particulières doivent l'emporter sur les principes généraux, où prétendra-t-on arriver?

C'est un mal particulier, pourrait-on se contenter de répondre à ceux qui font l'objection : Vous avez la faculté de vendre tout ou partie de la propriété que vous voulez engager, vous serez moins sûrement ruinés par la vente que par un emprunt onéreux. Mais la loi veut que tous les capitaux, qui deviennent productifs par l'effet d'un contrat qu'elle protège, payent un tribut à l'Etat ; et la loi ne peut pas être arrêtée dans sa marche.

D'où vient donc, pourrait-on ajouter, cet intérêt si vif pour les uns et cette dureté pour les autres? Témoigne-t-on la même sollicitude pour la classe la plus infortunée, pour tous les malheureux que l'excès de la misère contraint à déposer leurs tristes dépouilles dans des lombards publiquement autorisés à les dévorer? douze pour cent d'intérêt, dix pour cent de frais de vente, quand l'objet engagé n'est pas retiré à temps, d'autres accessoires encore, voilà ce qui est attribué au lombard de Paris, qui a pris le nom de *Mont-de Piété*, sans doute parce qu'une portion de ses bénéfices usuraires est applicable aux hospices. Etrange abus de mots que celui qu'on s'est permis, en choisissant une expression toute religieuse pour désigner une institution inhumaine, investie du droit de combler la misère des uns pour soulager si faiblement celle des autres ! Regardez donc autour de vous, vous qui craignez si fort de payer un pour cent de plus d'intérêt au capitaliste qui vous prêtera son argent, s'il arrive qu'on l'exige de lui.

On nous dit en second lieu, et l'objection paraît plus sérieuse, *qu'il serait dangereux de changer l'ordre établi, qu'il faut respecter tout ce qui existe, qu'il n'y a de bon que ce qui a été fait, qu'il faut suivre la route tracée, qu'on aurait trop à faire, s'il fallait rectifier les erreurs, réparer les injustices, ect. etc.*

Que diraient ceux qui tiènent ce langage, si l'on se bornait à leur répondre : Hé bien ! nous allons suivre vos avis, adopter votre système, imiter ce qui s'est pratiqué sous l'usurpation ; en conséquence, et à l'exemple de votre ancienne idole, nous commençons par chasser tous ceux qui ont servi l'usurpateur, ainsi qu'il renvoya, trois jours après son retour, tous les hommes que le souverain légitime avait mis en place. Quoi? Vous criez à l'injustice ! Rassurez-vous : ce n'est pas ainsi que se conduit un Monarque éclairé et juste ; il sait que le mérite et la vertu ont survécu à la corruption, et l'égarement involontaire, ainsi que les situations forcées, ont trouvé grâce au tribunal de sa bonté. Mais ne nous contraignez pas plus de croire à l'aptitude exclusive du parti que vous défendez peut-être trop ouvertement, qu'à la vertu des hypocrites, à la sagesse des brouillons, à la science des empiriques, à la sincérité des parjures, à la fidélité des traîtres, à la probité, en un mot, et à la délicatesse de tous les prolétaires qui sillonnaient en reptiles les routes tortueuses du précipice où la France devait être engloutie.

Beaucoup plus généreux que vous, nous désirerions seulement que, pour justifier avec plus d'éclat le mérite que vous vous attribuez (et que nous ne prétendons pas vous contester), on pût vous obliger à des cours, à des thèses, à des examens publics, comme on y soumet le thélogien, le jurisconsulte et le médecin. Il nous semble que les affaires de l'Etat doivent inspirer assez d'intérêt pour exiger autant de scrupule dans le choix de ceux qui prétendent au privilège de les diriger, qu'on en apporte pour permettre l'exercice des autres professions indispensables à la société. Rassurez-vous encore, il n'en sera pas ainsi.

Cependant il faudra bien finir par être d'accord, puisque la nécessité nous y contraint. Voulez-vous impérativement plus de condescendance de notre part? Donnez-nous donc une autre raison pour vous comprendre et une autre conscience pour vous croire. Qu'entendez-vous par l'*ordre établi*? Les impôts directs et indirects? Qui vous parle de les supprimer? Nous proposons au contraire de les étendre, parce qu'ils sont évidemment trop restreints, mais nullement de les augmenter, ce qui est tout-à-fait différent; et ceque nous proposons n'est pas nouveau. = *La route tracée*? expliquez-vous. Entendez-vous parler du maintien de cette inégalité de condition dont nous nous plaignons à si bon droit, de l'augmentation indiscrète et outrée des mêmes impôts, de la vente des biens communaux et domaniaux, d'une nouvelle émission de papier-monnaie? Nous vous dirons de bonne foi qu'il nous est impossible d'adopter de pareilles idées. — *Il faut respecter tout ce qui existe, parce qu'il n'y a de bon que ce qui a été fait?* Ainsi donc il n'est plus possible de rien faire de bon à votre gré, depuis la disparition de l'usurpateur ? Fort bien, on vous comprend à merveille ; mais comment ne vous apercevez-vous pas que ce langage est précisément celui des hommes qui ont travaillé à la destruction de la France ? que vous faites ici une provocation à l'opinion publique ? Interrogez-la donc sur les abus qu'elle signale tous les jours, et sur les hommes qui veulent les perpétuer ; vous apprendrez d'elle les noms des uns et le nombre des autres. Il lui appartient de vous instruire et nullement à nous de nous ériger en Aristarque. — *On aurait trop à faire s'il fallait rectifier les erreurs et réparer les injustices ?* Avez-vous bien réfléchi à ce qu'un pareil système a d'épouvantable, d'odieux, de barbare ? Jugez-en, si vous pouvez être un moment sans passion et sans intérêt, jugez-en par ses conséquences.

Ainsi donc, encore d'après vous, l'honnête homme, lâchement flétri par le gouvernement inique de Buonaparte, serait forcé de traîner sa douloureuse existence sous le poids d'une prévention contumélieuse, ou même de l'infamie, selon la gravité de l'injure dont vous voulez lui défendre de demander la juste réparation? Celui qu'un acte évidemment arbitraire aura torturé sans pudeur comme sans jugement, ne pourrait donc pas demander à faire éclater son innocence? Le déni de justice serait maintenu? Le larcin, légitimé? Le crime, oublié? Que disons-nous? Son triomphe assuré? ah! c'en est trop......

Malgré toutes vos maximes, dont on distingue très-clairement le principe et le but, nous prétendons, à notre tour, avec tous les honnêtes gens, que parce qu'une chose n'a pas été faite sous Buonaparte, non seulement ce n'est pas un motif pour ne pas la faire, mais au contraire pour qu'on la fasse, quand il est évident surtout qu'elle est juste, utile et nécessaire au salut du royaume. Or quoi de plus juste qu'un appel à tous les citoyens de secourir l'Etat en souffrance? Si vous admettez les exceptions, les privilèges, les considérations individuelles, nous vous surprenons en contradiction avec vous mêmes. Disons le mot: vous êtes les vrais, les seuls ennemis de l'Etat.

DE L'AFFECTATION UTILE ET PRODUCTIVE DES BOIS DOMANIAUX. — Nous avons exposé comment nous concevions qu'il était possible de fonder une caisse d'annuités à laquelle on déléguerait des revenus spéciaux pour le temps que ses effets auraient à courir, et nous avons indiqué les coupes de bois. Que dans l'hypothèse on choisisse cette portion de revenus publics, ou toute autre, nous allons dire comment, par une succession naturelle de l'emploi et sans confusion ni cumulation intermédiaires, nous concevons qu'il sera toujours possible d'affecter les bois domaniaux à la garantie privilégiée d'une autre opération profitable à l'Etat ainsi qu'à toutes les classes de la société. Il suffira de concentrer dans le même établissement la concession proportionnelle des bois domaniaux et la délégation temporaire des coupes annuelles, pour mettre les deux institutions en parfaite harmonie. Ce peu de mots suffira pour nous faire comprendre aisément, et à mesure que nous nous expliquerons, par le lecteur attentif qui voudra prendre la peine de suivre et d'approfondir avec nous l'importante question que nous allons traiter. Quant aux gens superficiels et aux routiniers opiniâtres, nous n'avons ni soins, ni temps à leur prodiguer.

On voudra bien remarquer que, toujours

fidèles à notre même principe, nous ne cherchons nos ressources que dans ce que nous
possédons le plus réellement et le plus essentiellement, c'est-à-dire dans notre richesse
territoriale, en la rendant toutefois plus abon-
dante par le seul effet de sa propre expansion,
et non en l'épuisant par des surcharges à la
manière et selon le système des *économistes*,
afin, disent-ils, de provoquer l'industrie agri-
cole à de plus grands efforts. On remarquera
de plus, qu'en désirant la conservation religieuse des bois domaniaux, nous préparons
ainsi, pour le retour de la prospérité, une
juste restitution avec l'accroissement nécessaire d'un plus grand produit dont il est impossible de prévoir aujourd'hui toute l'im-
portance.

Nous croyons devoir rappeler ici ce passage
de nos dernières considérations sur les finances, qu'on n'a peut-être pas bien compris
faute de développement : « . . . . . Alors et
» bientôt la confiance, éveillée par le juste
» espoir que commande une détermination
» grande et loyale, et pénétrant jusques dans
» les dernières classes, ouvrira aussi quelques
» canaux inexistants de prospérité publique et
» privée. Tous ces petits capitaux, fruit d'une

» économie persévérante , qui vont journel-
» lement se précipiter dans le gouffre que
» l'appât de l'usure couvre et dérobe aux pre-
» miers regards de la cupidité , ils se dirige-
» ront d'eux-mêmes , par une pente naturelle
» et douce , vers un emploi plus général et
» plus certain , sans qu'aucun genre d'abus
» puisse en troubler l'harmonie ni profaner
» l'institution. »

Lorsque nous nous exprimions ainsi , nous formions le vœu de voir respecter les bois domaniaux , pour en faire le gage inviolable de la fondation utile dont nous allons parler. C'est donc dans l'hypothèse de son accomplissement que maintenant nous allons présenter les idées qui suivent :

Avec la libre disposition de ce gage immense et impérissable , nous disons à la classe nombreuse d'économes , qui veulent pourvoir aux besoins de leur vieillesse ; à celle des pères de famille , qui veulent prévenir la détresse que l'infortune ou l'inconduite pourraient préparer à leurs enfants ; à tous les possesseurs de fortunes médiocres , qui aperçoivent l'augmentation de leurs besoins dans celle inévitable , et toujours périodique, du prix des denrées ; à la classe des célibataires , à celle des égoïstes (on nous accordera sans peine que celle-ci n'est pas la moins nombreuse), qui veulent ajouter commodément , et sans embarras , à leurs jouissances par l'accroisse-ment certain de leurs revenus , et à bien d'autres encore : nous leur disons à tous et leur offrons un moyen infaillible de réaliser leurs calculs , en consentant d'affecter par privilège notre gage disponible au payement des rentes viagères , que nous consentons de leur cons-tituer sous forme de tontines toujours crois-santes , à une époque très-prochainement dé-terminée , sans distinction d'âge , et sans que cet accroissement , toujours fixe , puisse ja-mais être soumis aux charmes de la réversi-bilité qui n'est acquise que par la mortalité éventuelle des tontiniers.

Dans le développement de cet exposé subs-tantiel , nous donnerons à l'établissement le nom de *fondateur.*

On remarquera d'abord que l'uniformité dans l'accroissement de l'intérêt , sans dis-tinction d'âge , en simplifiant l'opération , procurera plus d'avantages probables au fon-dateur , parce que , d'un côté , la mortalité frappe beaucoup plus d'individus dans les dix premières années de leur naissance que de vingt à quarante ans ; et de l'autre, parce que l'accroissement étant le même pour l'enfance que pour la virilité, un plus grand nombre de pères de famille se détermineront à placer sur la tête de leurs enfants en bas âge.

La rente pourrait être servie, pendant les cinq premières années, sur le pied de cinq pour cent sans retenue, et croître à la sixième de demi pour cent tous les ans, de façon qu'une rente de cinquante francs, constituée sur la tête d'un enfant au berceau pût être portée à cent cinquante francs lorsqu'il serait parvenu à l'âge de vingt-cinq ans ; à deux cent cinquante francs lorsqu'il aura atteint sa quarante-cinquième année, ainsi de suite jusqu'à sa mort. Cette perspective est sans doute fort belle et très-attrayante pour le tontinier.

Mais on conçoit aisément qu'au moyen d'un tel avantage, tous les profits de la mortalité, c'est-à-dire les capitaux de chaque décédé seraient acquis au fondateur ; et certes, on ne pense pas qu'aucun tontinier voulût échanger un bénéfice d'accroissement assuré contre les chances, incertaines pour lui, de la reversibilité communément adoptée, jusqu'à ce jour, dans la création des tontines ordinaires.

Il s'agit d'examiner maintenant quels avantages le fondateur peut trouver, à son tour, dans cette opération. Pour les établir dans toute leur étendue, il faudrait, peut-être, présenter ici quelques tableaux progressifs de la mortalité, développer plusieurs combinaisons, se livrer à un travail très-compliqué, et au moins prématuré, qu'on peut s'épargner, en évaluant la mortalité probable fort au-dessous de sa marche accoutumée.

On peut, au surplus, consulter sur ce point, si l'on veut, les tables de Wargentin, de Parcieux, Buffon, Condorcet, Duvillars et autres. On trouvera, à quelques fractions près, que la mortalité probable est évaluée, par tous ces écrivains, environ à cinq pour cent. On trouvera, au contraire, notre évaluation infiniment et peut-être trop modérée, si nous ne portons la perte annuelle, dans la population générale, qu'à un individu sur quarante, ce qui ne donne que deux et demi pour cent. C'est la base que nous adoptons.

Or, l'accroissement annuel de un demi pour cent que nous accordons au tontinier, ne devant partir que de la sixième année, et la rente n'étant payée qu'à son expiration, il est clair qu'à cette époque le fondateur aura gagné six fois deux et demi pour cent, soit quinze pour cent du capital qu'il aura reçu.

Comme on pourrait objecter que le calcul n'est pas exact, en ce qu'à mesure que le nombre des tontiniers diminuera, la mortalité doit aussi être moindre, considérée dans la masse première, nous faisons observer de suite qu'il n'est point ici question d'une tontine qu'on doive clore, mais d'une tontine qui doit, au contraire, se renouveler perpétuellement. Conséquemment, le calcul est juste, et nous continuons.

Supposons maintenant qu'un certain nombre de tontiniers ayent placé, dans le même temps, un million formant la première série des rentes viagères, et que toutes les autres séries soient également divisées par un million : De combien le premier million capital sera-t-il réduit a l'expiration de la sixième année ? A combien l'accroissement annuel de un demi pour cent s'élèvera-t-il à cette époque? Combien enfin le fondateur aura-t-il gagné ?

Le premier million capital se trouvera évidemment réduit à 850,000 francs ; soit par la mortalité des tontiniers compris dans la première série, soit par imputation sur la seconde.

L'accroissement de la rente du premier million ne sera conséquemment que de 4,250 francs, et le fondateur aura gagné 150,000 fr. de principal, plus, les intérêts progressivement cumulés par un mouvement intérieur qu'il est inutile d'expliquer.

Qu'on prène la peine de porter le calcul aussi loin qu'on voudra, d'après cette base, et on sera étonné des résultats, surtout si l'on veut approfondir toutes les combinaisons, assez pour apercevoir, aussi distinctement que nous-mêmes, qu'avec le temps, le payement des rentes peut devenir presque insensible pour le fondateur.

Nous bornerons-là cette dernière partie de notre écrit, où le lecteur attentif aura vu très-clairement qu'il ne pouvait y avoir ni confusion, ni double emploi dans l'institution d'une tontine immobilière et d'une caisse d'annuités; quoiqu'ayant l'une et l'autre pour gage les bois domaniaux et leurs coupes réglées. C'est pourquoi nous regardons comme peu nécessaire d'ajouter, que pour ne pas s'égarer dans l'idée juste et précise qu'on voudra se former de notre double conception, il suffit de se bien fixer 1°. Sur la durée des annuités et celle du temps moral qui s'écoulera jusqu'à ce

que la masse des capitaux de la tontine soit
égale à celles annuités ; 2°. Sur l'époque à laquelle commencera l'accroissement insensible
de la rente viagère ; 3°. Sur les profits acquis
au fondateur dans cet intervalle ; 4°. Sur la
faculté de proroger le service des annuités, si
l'on s'en trouve bien, comme nous osons
n'en pas douter ; enfin, sur la disposition
toujours immédiate d'un capital égal à la portion qui en serait renouvelée. Le même lecteur concevra plus aisément encore, et sans
qu'il soit besoin de toute autre explication,
qui pourrait paraître indiscrète en elle-même,
ou injurieuse pour sa propre intelligence,
comment les deux établissements peuvent
s'entr'aider, et maintenir imperturbablement
leurs succès réciproques.

Que si, d'après les bases indiquées, on
pouvait éprouver quelque doute sur le crédit
et l'attrait de la tontine, nous inviterions à
consulter l'expérience et à recueillir le suf-
frage de cette foule immense de victimes
et de dupes, qui, faute de trouver quelque
institution capable d'assurer à l'emploi de
leurs faibles capitaux la même solidité et les
mêmes avantages que la tontine leur présente
et leur garantit, ont été entraînés par la sé-

duction d'un intérêt usuraire, qui, sur mille spéculations du même genre, n'en a peut-être pas sauvé une seule du naufrage.

Ne sait-on pas, d'ailleurs, que le peuple n'est jamais qu'imitateur dans ses déterminations les plus empressées, et qu'il règle toujours sa conduite sur l'exemple que lui fournit la classe des hommes qui, par leur attitude, sont en possession de maîtriser son opinion, et de commander sa confiance ? Or, cette classe, distinguée par l'honorable présomption qui l'environne, pourrait-elle être soupçonnée, nous ne disons pas seulement de se prononcer contre, mais de ne pas vouloir seconder une mesure qui tend évidemment à féconder les ressources salutaires dont l'Etat a le plus pressant besoin ? Le doute, en pareil cas, serait presque un acte d'accusation en forme. Hâtons-nous de repousser cette injurieuse et déchirante idée.

Nous croyons en avoir dit assez sur les principes et les mesures qui nous ont paru applicables au budget de 1817. C'est au législateur maintenant à prononcer. Il ne nous reste qu'un vœu à exprimer, celui de le voir fixer son attention sur l'ensemble et non sur quelque point isolé du tableau que nous lui soumettons, parce que ce n'est qu'ainsi qu'il nous semble possible de juger sûrement de l'harmonie, ou de la discordance des détails dont il se compose.

Des personnes recommandables à tous égards nous ont fait observer que, d'après ce qu'elles avaient recueilli dans des discussions relatives à l'impôt sur la propriété fictive, il était à craindre qu'il ne fallût renoncer à cette importante ressource, quelque juste qu'il fût de répartir indistinctement les charges publiques sur tous les genres de revenus fixes et authentiquement certains. Cette crainte, ont-elles ajouté, leur avait été communiquée par des gens même du métier qui leur avaient fait entrevoir la difficulté, pour ne pas dire l'impossibilité, d'atteindre les fortunes de porte-feuille. Si nous répondons à cette vaine objection, ce n'est que par égard pour ceux mêmes qui nous l'ont transmise et pour les convaincre, en peu de mots, à quel point on a voulu leur faire illusion.

Sans invoquer l'exemple de *l'income-tax* en vigueur chez les Anglais, parce que la mesure paraîtrait trop rigoureuse, nous demanderons aux gens du métier 1°. Quel obstacle ils croyent sérieusement pouvoir s'opposer

au relevé de tous les contrats, nécessairement
inscrits, qui constituent la propriété fictive,
2°. Quelles limites ils prétendent mettre à
l'autorité du législateur, pour qu'il ne puisse,
dans sa justice et selon sa conscience, atteindre sûrement la propriété fictive, en dé-
fendant au titulaire l'exercice de ses droits
avant l'acquit de ceux de l'Etat, aux tribunaux de protéger l'action du créancier sans
la justification préalable du payement de l'impôt, au débiteur de ne se libérer qu'après
la même justification, sous peine de payer
deux fois ? Nous sommes presque honteux
de dire ici, ce qu'un écolier peut concevoir tout aussi bien que nous, qu'avec une
loi en quatre articles, dont un désignera les
caisses où il faut verser le montant de l'impôt, on peut le plus aisément du monde
l'établir et le percevoir sans frais comme sans
difficultés.

Lorsque le principe de l'impôt, adopté
pour la propriété fictive, aura été jugé par
le législateur devoir être appliqué aux autres
valeurs productives dont nous avons parlé,
et qu'il faut se garder de confondre avec les
effets de commerce, on verra de suite qu'il

est non moins facile et tout aussi simple de les atteindre sans efforts.

Peut-être se figurera-t-on que les différentes mesures proposées dans cet écrit forceront à augmenter encore cette burocratie effrayante et abusive (1), dont l'indispensable réforme, réclamée de toutes parts, doit procurer une économie de plus de 30 millions. Qu'on se désabuse sur ce point ; à l'exception de la caisse d'annuités, à laquelle on peut réunir encore d'autres institutions que celle de la tontine, le reste n'exigera aucune dépense nouvelle.

La concision avec laquelle nous nous sommes exprimés doit nous dispenser de résumer nos idées ; et nous avons déjà dit, en plus d'une occasion, pourquoi nous nous abstenions de présenter aucun tableau des nouveaux produits que l'Etat peut, aussi aisément qu'équitablement, se procurer pour le service de 1817. Quel que soit le parti que l'on adopte, nous demeurerons toujours con-

---

(1) Nous pourrions citer telle partie d'administration dont les frais ont été décuplés depuis la révolution, et où le désordre et la confusion ont pris la place de la précision et de la clarté.

vaincus que si nous voulons regarder bien attentivement en nous-mêmes, nous trouverons assez de ressources naturelles pour nous tirer de la crise où nous sommes, sans recourir à ces moyens extrêmes et désastreux qui ont été adoptés ou proposés dans les premiers instants de notre juste accablement. Nous n'avons besoin que de placer les facultés qui nous sont acquises sous l'empire d'une volonté droite et persévérante. Ce concours nécessaire de la sagesse et du pouvoir sauvera l'Etat. *Hanc conjunctionem, videlicet potestatis ac sapientiæ, saluti censuit* (PLATO) *civitatibus esse posse.* Cic. ad Q. fratr. I. ep. cap. 10.

DE L'IMPRIMERIE DE C.-F. PATRIS,
RUE DE LA COLOMBE, N° 4, DANS LA CITÉ.

www.ingramcontent.com/pod-product-compliance
Ingram Content Group UK Ltd.
Pitfield, Milton Keynes, MK11 3LW, UK
UKHW022123070726
13613UKWH00003B/1216